Originalausgabe

Nordland

Pagane Lyrik

von ᛗᚨᚦᛁᚠᛖ

Herstellung und Verlag: BoD – Books on Demand, Norderstedt
ISBN: 9783755738244

Nordland Gedicht zur Wahl

Von der Christwelt
Das Links/ Rechts Denken gemacht!
Wer ihm verhaftet ist,
dessen Bewusstsein steckt fest
in der Christenwelt.

Ich bin kein Kind des Westens;
Ich bin ein Kind des Nordens!
Ich gehöre nicht zum Abendland;
Ich stamme aus dem Nordland!

Erinnert euch daran:
Mutter Natur lebt
und ihr
seid nur ein Teil von ihr!

Hexerei

Hex hex aus Reflex.
Schwarzmagie und
Weißmagie gab es nie.
Denn die Welt ist ein Spektrum
Wie Heimdallrs Regenbogen.

Hort

Nordhort
Verwehter Ort
Im Schneegestöber
Und altem Unterholz
Dein Herz wächst
Und gedeiht
Geschützt vom
Hort im Nord-
en

Mjöllnir

Einen Thorshammer in der Hand
Wartet er gebannt auf den Kampf.

Einen Thorshammer um den Hals
Erträgt sie tapfer das Geschrei
endlos, schlafloser Babynächte.

Wir hämmern zusammen den Weg hinauf
Zur Erfüllung des größten Ruhms.
Wir zählt und das Ich ist ein Teil davon.
Einsam und allein erwartet das Ich
Nur Depression und Selbstzerfleischung.

Formt euren Charakter für die,
Die mit euch sind.
Dient ihnen!

Nordstern

Der Nordstern strahlt
Und gibt uns Nordmenschen
Das Wissen, dass Heimat ist
Und uns die Heimat beschützt.

Kein Treibholz ohne Ziel.
Kein Schiff ohne Hafen.
Kein Vogel ohne Nest.
Der Nordstern geleitet dich,
O Kind des Nordens.

Vier Himmelsrichtungen

Nord, Süd, Ost, West
Halt dich daran fest;
Aber wo auch immer du bist:
Liebe!

Liebe mit deinem ganzen Herzen
Und der Fülle deines ganzen Lebens.

Winterspiele

Der Winter kommt.
Rar wird das Sonnenlicht.
Erstarrt im ersten Frost
Ist das kleine Insektenvolk.

Gefrorener Beton
Und Eis auf Nadelspitzen
Künden von rauen Nächten
Und heißen Feuern.

Die Raunächte klingeln
Und bringen Gedanken
Und gemeinsames Singen
Im Kreis der Nähsten.

Rot im Weiß

Das rote Blut im weißen Schnee.
Dunkelrot!
Mahnend. Strahlend.

Alte Welt vor neuem Wagen.
Alte und neue Tage.

Sagen und trister Alltag.
Märchenhafte Helden und
Einsame Tränen.

Vorfahren

Die Kraft in seinen Adern und Venen
Wird ihn erheben.

Der Generationen Erbe
Macht sie zum Kind der Erde.

Äonen an Ahnen
Werden uns durch unsere Leben
Tragen!

Herbst

Das Laub fällt
In rot und gelb.

Ein verregneter Sommer endete
Mit höllischen Hitzetagen
Und wendete sich Tag für Tag.

Sonnenbrände und Fluten
Waren eine Zumutung für das ganze Volk.

Der Herbst ist da
und aus den U und S und A
Winkt uns Halloween entgegen.

Nordische Stimmungen

Der Norden trommelt, er singt und er lacht!

Das Nordlandkind ist nach einer langen
Partynacht erwacht.

Walkyria

Beton gebaut.
Dunkler Rauch!
Schwarzes Fleisch
Zahlte zu harten Preis.

Verloren haben alle unter dem Einen:
Die Sklaven, genauso wie die Soldaten,
Aber vor allem die Frauen.

Walküren kämpft!
Lasst euch die Freiheit von dem Einen
Nie wieder rauben!

Altes und Neues

Industrie und Kapital haben es zerhackt:
Alte Traditionen und Familienbande.

Passt euch an Nordische!
Nutzt ihre Mittel und erlangt neue Macht.

Y.

Odinssöhne und Thormänner.
Sigins Treue und Friggs Macht.
Lokis Witze und Balders Strahlen.

Zwei Hallen. Eine höllische Beschützerin
Und ein unsichtbarer Weg,
Der weit darüber hinausgeht.

Freier Norden

Träumt neu
Träumt frei
Wie unser
Nordland sei

Lebt glücklich
Lebt frei
Mit nordländischem
Geist

Lacht heute
Lacht morgen
Lasst uns Glück
Für´s Nordland
Besorgen

Tropfen

Ein schmaler Grat zwischen gestern und
morgen.
Die Sonne erwacht im Nordland.
Stunden kommen, um erneut der Chance
Auf ein großes Schicksal zu folgen.

Älteste Traditionen

Eure Ahnen, Nordmenschen, haben schon
gedichtet, lange bevor der Eine kam.
Sie haben gedichtet, lange bevor diese
lächerliche Zeitzählung begann.
Sie haben sicher auch gedichtet, lange bevor der
erste Mensch schreiben lernte.
Also dichtet endlich wieder,
Wenn ihr Nördliche seid!

Muttergott

Frigg und Freya
Weib O Weib
Mütter beschützen
Mütter behüten

Frigg und Freya
Frau der Frauen
Runde Kurven
Schöne Augen
Zum Bestaunen

Frigg und Freya
Heldin der Helden
Weibliche Stärke
Alte Werte

Wintersnot

Morgenstund kommt und raubt des blinden Aug.

Blutroter Käfer mit schwarzem Dach rast die
Straße entlang.

Arbeitsvolk geboren aus Zwang und
Arbeitsmoral.

Die Winter sind kalt, hart und rau. Wer nicht
Angebautes vorgestaut, dem das Leben im
Nordland wird vom Hunger geraubt.

Neues Altland

Träumt neu
Das alte Land im Norden.

Träumt an Tagen,
Den Hellsten
Und in dunkelsten Nächten.

21

Erben

Stämme des Nordens
Von denen die Nördlichen stammen.

Kinder des Nordens,
Die Kinder im Nordland gebären.

Die Sonne des Winters.
Der Vollmond im Sommer
Und das Strahlen der Nordlichter
Unterm Nordstern.

24/7

Schweiß auf der Stirn.
Schwielen an den Händen.
Immer kurz vorm Burn-Out.
Arbeiten an Wochenenden.
Für unsere Familien und unser Volk.
Für die Zukunft des Nordens.

Vier Zeiten

Der Herbst kam
Nach einem nassen Sommer.
Der Winter wird kommen
Und mit ihm die Raunächte.

Dunkle Tage. Die Sonne scheint fern.
Alte Jahre, die mal Neue waren.
Erhebe dich: sieh, was du bist und warst.
Begreife, wer du sein wirst.

Neubeginn

Ein Sturm tobt im hohen Norden.
Die Nächte sind blutrot.
Jahrhunderte herrschte der Eine
Durch hemmungsloses Morden.

Die dunkle Zeit des Einen endet.
Ein zarter Funken glimmt am Horizont:
Ich sehe freie Heidländer tanzen!

Toll!

Betonhart.
Wattezart.
Wunderschön.
Leuchtendklug.
Beschreibt alles nicht genug,
Wie wunderbar die Nördlichen sind
In all ihrem Wirken und Emanieren.

Der einäugige Wandersmann

Neunordische kamen aus dem Süden.
Sie dürfen bleiben, wenn sie guten Herzens sind
Und bereit sind, tapfere Kinder des Nordens
Zu werden!

Denn wandern tat auch er!
Er bewanderte mehr als ein Weltenmeer
Und hing am Stamme Yggdrasils.

Dankbarkeit

Ein altes Mütterlein
Ist ganz allein.

Das Kind ist fort
An einem fernen Ort.

Keine Zeit der Gemeinsamkeit.
Der Vater rannte. Das Mutterherz brannte.
Sie blieb allein und hat mit aller Kraft
Das Kind zur Größe gebracht.
Doch es lief fort an einen fernen Ort,
Denn es hat gedacht,
Es allein hat es geschafft.

Küken

Das Lächeln in des Kindes Augen.
Ihr Lachen an zu frühen Morgen.
Das Glück der schlaflosen Beschützer
In einem Land des Friedens.

Für die Kinder von heute und morgen
Und den Rückblick auf die Küken.

Das Nordland blüht im Frieden.
Die Natur im Norden
Verdorrt in Kriegen
Und beim Morden.

Lacht Kinder! Lacht!
Spielt mit euren Spielsachen.
Habt ihr genug?
Wenn nicht, dann kauf ich euch neue!

Kreislaufen

Blüten treiben auf den jungen Zweigen.

Die Sonne donnert, während der Schweiß läuft.

Bunte Blätter wehen um nasse Zehen.

Gefrorene Nasen aus roten Mohrrüben platzen
weiß heraus.

Tugend

Wenn dein Herz im Norden ist, dann bist du ein
Nordlandkind.

Wenn deine Zunge Wahrheit spricht, dann ehrst
du alle, die mit dir sind.

Ur

Fußspuren aus einer alten Welt.
Manche warten tief verborgen im Unterholz
Und offenbaren uralte Wege.
Sie führen zurück zu einem Leben
Der Verbundenheit mit Mutter Natur.

Schicksalsjäger

Gestern, heute, morgen
Musst du meistern,
Um mit der Macht alter Geister
Und der Hilfe dreier Nornen
Aufzustehen und dein Leben
zur höchsten Blüte zu führen.

Fremdherrschaft

In Teutonia der Eine und Seine
Waren Parasiten für das Volk
Für über tausend Jahr!

Ausgepresst. Verbrannt. Gepeinigt.
Gesteinigt. Unterdrückt. Umgebracht.
Uns ward verboten frei zu denken,
Frei zu lieben und frei zu leben.

J. W. B.

Durch das Todreich werde ich wandern und
marschieren, bis ich dich wiedergefunden habe
kleiner Bruder und dann führe ich dich über die
höchste Blüte des Daseins hinaus.

Nordkraft

Alte Götter pumpen pure Kraft in unsere
Blutbahnen.

Traditionserbe gibt uns die Kraft, in der
dunkelsten Nacht zu siegen.

Ahnen lehren mit ihren Leben und werden uns
Mut und Kraft geben, die Prüfungen zu
meistern.

Gastfreundschaft

Fern des Nordlands bist du aufgebrochen: komm
nur vorbei zum herzlichen Beisammensein.

Frische Luft

Kalt ist der Morgen.
Die Sonne des Winters strahlt,
Aber ahmt nur den Sommer nach,
Ohne zu wärmen.

Nass ist die Nacht.
Der Regen fällt.

Wandelgang

Die Reste grünen Blätterdachs im roten Laub.

Vierfacher Wandel formt die Welt des Nordens
seit Generationen.

belle époque

Am alten Rosengarten wachsen heute Kirschen
aus Japan.

Frauen wählen jetzt frei und gleich.
Sie sind heute so dickköpfig und stur wie
Männer früher.

Alt war hart. Dazwischen kam das Mittelalter
und spielte sich zum Alten und Traditionellen
auf. Es waren Fremde aus der Ferne voll des
Hasses gegen das, was wirklich hier geboren
wurde.

Der alte Rosengarten ist verdorrt. Der Lotus
sprießt und wilde Kirschen küssen sich mit
freien Herzen.

GD

Am Ende der dunklen Nacht:

Strahlt die Sonne neu!

Der goldene Sonnenaufgang findet jetzt statt.

Eingenordet

Kassenschlange.
Eisenkörbe.
Massenandrang.
Neues Leben unverbunden.
Der Wochenmarkt ist ausgestorben.

Wir horten und
Wir schützen unsern kargen Besitz.

Gib doch mehr deinen Liebsten!
Klammer dich an sie und
Nicht an materiellen Besitz.

Naturbilder

Tropfstein.
Geformt.

Runenstein.
Überlebt.

Berge.
Hinaufklettern.

Hügelgräber.
Alte Legenden
und wache Geister.

Nordherzen

Wie liebt es sich unterm Nordstern?

Frei!

...aber mit der üblichen Achterbahn ;)

nordensisch

Hast du gelebt?

Hast du geträumt?

Hast du geliebt?

Wenn nicht, dann tu es schnell!

Zwei Raben

Gedanke und Gedächtnis fliegen
Mit dunklen Schwingen
Und künden ihm.

Wildwuchs

Die Neuen folgen den Alten seit Jahrtausenden.
Wie Kreise in den Stämmen der Bäume wächst
das Volk.

Die Schönen, Runden und Glücklichen und die,
die durch die Jahre von Kriegen, Seuchen und
Hunger waten mussten.

Dornen am Strauch stechen.
Der Tropfen roten Bluts glänzt wie die
Hagebutten.

Ende und Neuanfang

Träume werden wahr.
Die Zeit des Kreuzes verwelkt
Und der Frieden blüht wieder
In allen Ecken des Volks.

Ihre Kirchen sind leer und
Endlich darf sich jeder mit reifem Willen lieben
Und küssen und kuscheln.

Der Eine fiel tief und verlor. Jetzt endlich
bekommt jeder Mensch das gleiche Stück der
Macht.

Erinnern

Sein letzter Atemzug.
An ihrem Totenbett.

Mit gesenktem Kopf und verwirrtem Geist
stapfte ich aus dem Krankenhaus, als er erlag.

Wir Erben erben auch die Ehre, die Ahnen zu
ehren.

Frei

Heute hab ich frei!
Morgen auch. Gestern nicht.

Ich vergess, verdräng und verleugne den
gestrigen Tag.

Ich will immer frei sein und wandern durch die
Heiden des Nordens.

Drei R.

Tränen.
Blutverschmiert.
Schollenzwang. Jahrhundertelang.
Im Namen des Einen.

Sie nennen es Leibeigen.
Wir nennen es Sklaven und es entsprang dem
Hass gegen den Nordglauben.

Dreh dich!

Norden ist nur eine Richtung auf einer runden
Kugel. Geh und verlier dich im Richtungslosen.

Norden ist nur ein Gefühl in einem emotionalen
Weltenmeer.

Norden sind wir hier in einer endlosen
Menschenwelt.

Natur

Sein

Natur sein
Eins mit der Natur sein

Ein Teil der Natur sein

Seinsnatur

Träume

Träume von einem besseren Morgen
Geistern in den Köpfen der Nordmenschen
Seit Generationen.

Bist du einer von denen, die sie wahr machen?

Winterträume

Liebeszauber.

Schmetterlinge im Bauch.

Strahlende Augen und datende Münder
An einem Wintermorgen mit Schnee.

Zwei Paar Fußspuren führen durch die wilden
Heiden.

Gemalte Herzen im Sand
Am Strand des kleinen Sees,
Dessen Wasser oben leicht
gefroren ist.

Tugenden im Norden

Brüche und Zerwürfnisse sind Alltag in den
ungestümen und von Angst getriebenen Herzen.

Erwirb dir Reife durch harte Arbeit.
Erwirb dir Ehre durch endloses Streben.
Erwirb dir Weisheit durch pausenloses
Studieren.
Erwirb dir Güte durch ein aufrichtiges Herz.

Nordträume

Des Nachts lag ich lange wach
und habe mir in der Fantasie schöne Bilder
gemalt.

Trommelt Heiden! Trommelt!

Tausend Jahr und mehr sind die Eingöttlichen privilegiert, bevorzugt und subventioniert vom Staat.
Für uns Kinder der Heiden war der Staat noch nie da!
Wir kriegen die Krümel, die vom Tellerrand fallen. Diese Zeit muss enden:
Fordert! Fordert! Fordert!
Fordert das gleiche Recht für Heidenmenschen!
Fordert es sofort und stoppt nimmermehr, bis wir es haben!

Heiden fordert! Heiden trommelt!
Heiden stellt euch Tag für Tag vor die Hauptquartiere der Mächtigen und trommelt!
Trommelt mit Parolen und fordert gleiches Recht für Heiden. Noch ist es uns nicht gegeben.
Also trommelt und singt. Trommelt am Morgen.
Trommelt im Sonnenschein und im Regen.
Trommelt im Winter, Frühling und Sommer und trommelt im Herz. Trommelt für alle Paganen hier und auf der ganzen Erde!

Bei Tyr kämpft für uns!

Eine Gesellschaft gemacht von und für
Buchmonotheisten, wo wir Naturreligiösen
ständig vom Tellerrand rutschen.

Eine Gesellschaft gemacht von und für
Buchmonotheisten, wo wir Naturreligiösen
ständig benachteiligt werden.

Eine Gesellschaft gemacht von und für
Buchmonotheisten, wo wir Naturreligiösen seit
über tausend Jahren von der Mitgestaltung
ausgeschlossen werden.

Nordrund

Ein einfacher Morgen im Norden.

Der Regen endete, doch die Wolkenberge
blieben.

Das Blätterdach rauscht im Wind und spielt
seine Melodie.

Spatzen lachen und die Krähen knacken Nüsse.

Nordmorgen

Tee,
Leicht gesüßt,
Zum Frühstück
Und der Genuss,
der dem heißen Dampf folgt,
Wird mit einem Lächeln gekrönt.

Der Wandersmann

Triffst du den einäugigen Wandersmann,
Dann halte Abstand, denn er vergibt Aufgaben
Und Prüfungen, die nur die Besten bestehen
Können.

Kinder des Nordens

Eure Leben so rein.
Euer Lächeln so fein.
Ihr gebt uns Sinn.
Ihr gebt uns Kraft.

Stadt und Land

Hasen. Hunde. Bienen. Schmetterlinge. Rehe.
Der Fuchs und auch mal der Luchs. Hast du das
gewusst?

Marder und wilde Schweine, auch Waschbären
können uns in der Menschenwelt beehren.

Raben und Krähen. Spatzen, die lachen während
ein einsamer Hahn kräht.

Zwischenwelten

Alben und Alp.
Elfen gelten.
In den Ritzen.
Hintcrm Nebel.

Hör das kleine Volk.
Sieh des Riesen Fußabdruck.
Höchste Wahrheit
Steckt in Tugendhaftigkeit.

Wende

Junge Triebe sprießen.
Langer, depressiver Druck
hatte die Alten gepresst.

Atmet frei. Lebt frei.
Kämpft weise!

Hugin und Munin

Ich sah die Raben grasen auf dem Feld. Der
Dung der Kühe roch.

Ich sah mehr als Raben und doch gab ich ihnen
eine Botschaft für den Einäugigen mit.

In einem Gespräch

Ich traf ihn und er hat zu mir gesagt: „ich werde
niemals das Erbe meiner Ahnen verraten und
Christ werden. Denn 10000 Jahre bevor sie
Nägel zum Kreuzigen erfanden, waren all meine
Ahnen pagan!"

Heide

Kleine Fliegen und dicke Hummeln küssten
meine Nase so manchen Sommer.

Ich wanderte durch sandige Dünen auf denen
Grasteppiche meine Füße trugen.

Der alte Baum lebt noch. Doch sein Ast starb
und fiel. Er dient mir als Bank. So oft saß ich
auf ihm und fühlte den Klang der wilden, freien
Heiden und die Aufgaben, die sie mir übertragen
haben.

Sieger

Ohren zum Hören.
Augen zum Sehen.
Herzen zum Fühlen.
Hände zum Reichen.

Gesund strahlst du in den Tag.
Dank sollte deiner Erkenntnis folgen,
Wie reich dich das Nordland
Beschenkt hat.

Verbunden

Ihre ur-alten Augen sahen die Neuen.

Ihre Ur-Ahnin hat sie im Arm getragen.

Ihre Erbträgerin. Jene, die sich erinnern wird.

Dunkle Wolkenberge

Ein Sturm zieht auf am Weltenrand!

Ändert er den Weltenlauf?

Werden Familien wieder zerrissen und kleine
Kinder aufgefressen von den Schrecken der
Kriege zwischen sich eigentlich liebenden
Menschen?

Drei

Ein tiefer Fall!

Du liegst am Boden.

Vertrau auf die Nornen
Und die innere Kraft,
Die du hast.

Zeitzählung

Ihre Augen haben die Welt geschaut und sie zu
früh verlassen.

Ihr Herz hat geliebt, ohne zu hassen.

Loslassen schmerzt, wenn der Tod zerreißt.

Möge Hel Wache über sie halten, bis ich komm,
um uns wieder zu vereinen.

Weltenbäume

Kirschblüten reifen.
Die süße, rote Frucht geschluckt
Von den Krähen.

Der Baum an jenem Tag, unter dem ich saß.

Komm! Folge mir hinein in den Wald. Lass uns
eintauchen in das Meer freier Bäume.

Wegbegleiter

Raben und Ziegenböcke.
Wildschweine und Schwäne.
Freyas Katzen kratzen
Die Feigen und Tugendlosen!

Vermächtnis

Was erben unsere Erben?

Was wird aus unserem Vermächtnis werden?

Ich sehe meine Brüder und Schwestern sich mit
Unwichtigem beschäftigen.

Ich sehe nicht, wie sie mit vollem Willen eine
bessere Welt für sich und ihre Erben erwerben!

Dunkle Zeichen

Schwarze Messe

Ziegenbockkopf

Eingeschworene

Dunkle Wolken überm Nordland

Hoffnungen sterben,
Denn die Natur stirbt.

Die Preise klettern hoch
Und fressen unseren Besitz.

Wohlstand brachte Frieden.
Bringt der Klimakollaps den Krieg zurück?

Schneespuren

Der erste Schnee fällt im Norden.
Stapf rein! Dreh dich! Lass dich fallen! Sieh in
den Himmel und sieh zurück.

Die alten Fußspuren deines Lebenssandes sind.
Unabänderlich ist dein Wille geschehen.

Was sagt deine Vergangenheit über dich? Wer
bist du wirklich?

Muttererde

Danke für Birken und Eichen.
Danke für Spatzen und Raben.
Danke Mutter Natur!

Mahnung

Ich, der Einäugige rede mit euch Blinden und
sage, dass Nordland wird nur blühen, wenn ihr
Samen des Friedens und der Weisheit sät!

Wieso hing ich sonst am Baum?

Harter Blick

Dunkle Stunden mit langen Schatten lagen
hinter mir. Verraten! Verraten von falschen
Freunden. Alles! Alles hab ich ihnen gegeben.
Mein Herz. Meine Treue. Mein Leben.

Fall. Tiefer Fall. Schwarz. Eine endlos, dunkle
Schlucht. Die Göttliche reichte mir die Hand
und erhob mich.

Hexensabbat

Über tausend Jahre durften die Nördlichen nicht nördlich fühlen, nicht nördlich glauben, nicht nördlich leben.

Um die Hälse unserer Ahnen, um ihre Arme und Beine, um ihren Geist und ihr Herz waren schwere Ketten des Zwangsglaubens gelegt, der sie knechtete an einen fremdländischen Gott zu glauben.

Erinnern wir uns an die tapferen Frauen (und Mannen), die sich weigerten und sich auf die Suche nach ihrer Kultur begaben und dafür lebendig verbrannt, gehängt und gefoltert wurden.

Odal-Rune

Herr Schicklgruber war Christ-Monotheist!
Diskussion beendet!

Wir

Gesichter.
Alle unbekannt.
Meines Volkes.
Verbundene
Auf anonyme Art.

Menschen,
Die ich nicht kenn´,
Sind meine Geschwister.
Wie ich Kind meines Volkes bin.

Uns

In wir ein Volk.
Kinder des Nordens.

In wir ein Stamm,
Der wächst und blüht.

In wir ein Traum
Für unsere Kinder.

Lebensziele

Wir steigen hinauf.
Stufe um Stufe.
Stockwerk für Stockwerk.
Wir steigen auf für uns
Und unsere Liebsten.

Wir steigen auf, um Urs Schicksalsspruch
Gerecht zu werden.

Wildpark

Windkind. Grünes Gras. Blätterdach.

Regenmatsch. Die Äste knacken unter meinen Füßen.

Kalte Luft bläst mir ins Gesicht. Gedanken sprengende Ketten. Frischluftspaziergänge retten.

Klarer Blick. Befreiter Geist. Erwählt vom Nordischen.

Aufopfern

Bist du bereit deinem Volk, deiner Welt, deinen Liebsten und deinem Herz zu dienen?

Im Nordland

Erkenn das kleine Glück eine Heimat zu haben,
die dich liebt und beschützt.

Wort Nord

Ja, es ist nur ein Wort, dass wir mit Liebe füllen
und mit Erinnerungen!

Heim im Norden

Schweiß des Nordens
Fleiß des Nordens

Schwielen an den Händen
Kopfschmerzen vom Arbeiten

Bis zum Zusammenbruch schuften,
Um unsere Heimat zu schützen

Der Aufstieg des Nordens

Treue und Verbundenheit!

Aufrichtige und liebevolle Kritik der Nächsten
Und mahnende Selbstkritik.

Mehr geben als nehmen.

Forschen und verstehen ohne Unterlass.

Dienen: Dir selbst und allen Wesen!

Zuflucht

Rot und Gelb glänzt das Blätterdach. Alles
verwelkt erneut. Kalt pfeift der Wind durchs
Haus und draußen ist es nass.

In der Ferne droht der Weltenbrand.
Schmelzende Pole und steigende Meere.
Ressourcenverteilungskriege.
Das hier sei mir Heimat, das rettende Floß und
schützende Dach.

Meine Ahnen sind durch Jahre der Qual und
Mühsal gewatet. Möge ich tapfer sein wie sie!

Aufwärts

Zweifelt nicht! Schwankt nicht! Gebt niemals
auf! Schritt für Schritt und Stufe um Stufe
steigen wir auf!

Niemals wieder darf uns der Glaube ans
Nordland verloren gehen, denn wir wollen es
blühen sehen!

Idole

Das eine Auge gegeben für Weisheit und fast das
ganze Leben. Willst du nicht wie er, nach
höchster Weisheit streben?

Volk

Kleine Gärten um die kleinen Häuser kleiner
Menschen mit großen Herzen und dem Gefühl
für ihre Familien.

Wandersleute

In die Steine geritzt von Altvorderen.

Geschichte steckt in den Bäumen, Hügeln und
Wiesen.

Geheimnisse offenbaren sich denen, die lernen,
richtig zu fühlen.

Der alte Runenstein im Wald

Greife nach dem Größten.

Strebe nach dem Höchsten.

Erkenne dein Spiegelbild in den Köpfen deiner Nächsten.

Blüh in den Herzen der Hilflosesten.

Hilf dir selbst, indem du anderen hilfst.

Bau auf, was heilt und zerstöre die Zerstörer.

Bete nur, wenn du nicht dienen darfst.

Liebe mit ganzem Herzen.

Aufrechte Menschen

Träume groß. Lebe rein. Vergiss jene, die dich
Nicht schätzen, wandere lieber allein.

Lebe mit stolzer Brust und gehobenem Blick.
Sieh nicht auf den Schmerz zurück.

Gib viel! Gib vor allem Liebe und lebe mit
Würde.

Der Norden wird dir danken, wenn deine
Tugenden niemals wanken.

Grenzgänger

Sie sind dir aus den Händen geglitten. Der Tod
Hat sie entrissen.

Die Grenze zwischen Tod und Leben lässt sich
Nicht einfach übergehen.

Suche eine alte Macht mit der Kraft dich zu
Führen im jenseitigen Land, dann wirst du sie
Wiedersehen.

Drei Nornen

Morgen. Heute. Gestern.
Wir reisen in der Zeit vom ersten bis zum letzten
Augenblick.

Nordpflicht

Bäume und Seen,
Wiesen und Felder;
Schützt sie!
Es ist euer Land
Und eure Verantwortung,
Es heil den Kindern
Zu übergeben.

Unsere Städte

Der alte Sumpf wurde eine große Stadt im
Herzen des ganzen Landes.

Der Fluss sammelte Menschen und Sachen an.
Heute wachsen dort Häuser und laufen Straßen.

Ans Meer gespült. Zungen vom harten Schlag.
Der Regen fällt und reinigt das Land.

Waldhain. Einst allein. Heute viele vereint in
Liebe.

Asenkinder

Große Gesten. Wahre Herzen. Das Ertragen aller
Schmerzen.

Hoffen stirbt, aber Legenden
Werden weitergehen.

Genius im Norden

Kunst und Kultur abgerungen aus dem Schmerz
Geistigen Leidens.

Lasst sie staunend schweigen!

Einheit

An unbekannten Gesichtern bin ich vorbei
Gerannt ein Leben lang.
Etwas verband uns: Kultur, Volk, Luft und Land.

Du bist Altvorderen

Ihr müsst besser werden zum Wohl unserer
Erben.

Strauchelt nicht! Niemals von Aufgeben sprich!

Saga

In den Fußspuren großer Ahnen wandelnd
Vollbringen wir Meisterwerke. In ihrem
Gedenken schreiten wir voran. Ihre Kraft in
Unseren Venen treibt uns zur Blüte und zum
Höchsten aller Menschlichkeit!

Ursprünge

Gibt es etwas, das alle Menschen verbindet?

Ja, das gibt es: es ist das Heidentum!

Das Heidentum verbindet uns alle mit unserem
Kulturellen Ursprung.

Und die vier Elemente verbinden uns mit
Himmel und Erde.

Flucht

Muttererde
Vatererde
Baumriesen
Und Zwergkaninchen

Wälder voll mit Tannen
In Spinnennetzen verfangen
Tagelang waten
Nachts am See schlafen

Vergiss die Stadt
Und ihren stumpfen Hass
Lass dich fallen
Bei den alten Eichen

Pagan und stolz!

Augenblicke. Gereichte Hand im Widerstand.

Sie nahmen und nehmen uns alles seit tausend
Jahren und werden es weiter tun, wenn wir
Nicht rausgehen und die Nation wachrütteln und
Für unser paganes Recht trommeln!

Freigeist

Du musst ein Besserer werden zum Wohle
deiner Erben.

Du musst geben, damit erblüht dein Leben.

Du musst die Freiheit ehren, wie nichts sonst auf
Erden!

Wandersfrau

Fußspuren im Sand:
Deine!

In den Wäldern.
Am Strand.
In der Erinnerung
Anderer Menschen.

Schritt für Schritt schreite
Mit Tugend und Würde.
Mit Mut und Stolz.

Grenzgänger

Der Schlaf der tausend Seelen.
Wir fliegen ins Traumland.
Die Anderswelt sendet Visionen,
Mahnungen, Bilder und Wegweiser.

Walküren

Unsagbar stark.
Absolut wahr.
Zwischenwelten.
Taten gelten.

Geflügeltes Weib.
Sieg im Streit.
Opferfahnen.
Gefallene lagen.

Mut erwirb.
Schicksal führt.
Welt vergeht.
Nachleben besteht.

Morgen im Norden

Träumer sind wir.
Du und ich und sie mit uns.
Wir träumen von besseren Zeiten,
Die das Nordland erreichen.

Grenzgänger sind wir.
Du und ich und sie mit uns.
Zwischen den Welten des Wachens
Und des Träumens tun wir erschaffen.

Lebenskünstler sind wir.
Du und ich und sie mit uns.
Auch die härtesten Tage
Ertragen wir mit lächelnder Gnade.

Nordische Weisheiten

Blinde Flecken und tiefer Fall
Folgt der Tugendlosigkeit.

Armut und Elend
Erhält der Ehrenlose.

Vergeben und geben
Formen ein ehrbares Leben.

Dienen und lieben
Sollen die Glücklichen führen.

Große Eltern

Es kam der letzte Tag.
Jetzt stehen wir an ihrem Grab.

Der Lebenssaft zerronnen,
Der Krebs hat sie uns genommen.

Meine Tränen rollen,
Ihr will ich Dank zollen.

Verantwortung

Wenn das Land stirbt,
Sterben wir mit ihm.

Wenn das Land verdorrt,
Werden wir verhungern.

Wenn sie die Natur zerstören,
Töten sie unsere Zukunft.

Wenn ihr eure Heimat nicht schützt,
Werden eure Kinder heimatlos sein.

Der Winter kommt

Der Winter kommt.
Die Bäume sind längst kahl.
Die Insekten alle gestorben.
Sei gewappnet für des Winters Härte
Und die spirituellen Prüfungen
der Raunächte.

Einfache Tode

Tod
Ohne Not
War seine Gnade

Wir
Sind noch
Immer hier und
Sehen den Katastrophen
Ins Auge

Durch den Nebel

Die Anderswelt wählt weise,
Wen sie passieren lässt,
Um von ihrem Nektar zu kosten.

> Die Anderswelt liegt
> Hinter den Nebeln
> Und wartet auf dich.

Gib dich auf!
Gib dich hin!
Wandle blind
Und nur mit der Kraft
Deines reinen Herzens.

> Das kleine Volk wacht
> An der Grenze.
> Dahinter liegt
> Die Anderswelt.

Druiden haben sie
Unzählbar oft betreten.

Magie

Ein Zauber liegt in der Luft.
Es knistert und funkelt.
Wir kosten diesen magischen Duft,
Der unser Leben verwandelt.

Jeder Schritt wird zur Magie,
Der uns zusammenbringt.
Wir haben uns alle lieb,
Als ob eine bessere Zeit beginnt.

Schulter an Schulter im Norden

Ein kleiner Streich zur rechten Zeit stärkt die
Verbundenheit. Ein schlechter Scherz zur
falschen Zeit zerstört sie für immer. Bewertet
Freundschaften höher als euren beruflichen
Erfolg.

Nach den Tausend

Verliere dich in mir;
In meinen Worten,
In den Welten, die sie bauen
Und der grenzenlosen Liebe,
Aber verlass ihre herzlosen, kalten
Und arroganten Alltagskonstruktionen!

Sie bauten dies und zerstörten das freie Herz.
Sie planten dies und es lies uns verstört zurück.
1000 Jahre hat das Nordland geächzt unter dem
Wahn des Buchmonotheismus. Sie haben eine
Welt gebaut und jeden Menschen versucht zu
zerstören, zu ermorden, zu foltern und zu
Verjagen, der sich nicht dieser Ein-Gott-Welt
Unterwerfen wollte.

Es ist vorbei!
Lebt frei!

Eine Linie

Gebt nicht auf!
Gebt niemals nach!
Unsere vergessen gemachten Ahnen warten seit
Tausend Jahren, dass wir das Band der
Verbundenheit wieder knüpfen!

Naturheilige

Wann hat der erste Urmensch gefühlt, gespürt,
gelebt, dass Magie das Wesen der Natur ist?

Alle

Wie ihr sie auch nennt: Schwarze, Weiße, Asiaten, Indigene oder Europäer; aller Menschen Vorfahren waren am Beginn unseres Weges Heiden.

Geschichtenerzähler

Setz dich zu mir und lass mich dir die Welt des Nordlandes zeigen. Sie ist älter als die Anzahl der Jahre mit der die Heutigen ihre Zeit zählen. Sie war düster und bitter. Hart und kalt. Und sie war zart und magisch und voll Liebe für die Brut und die Vorhergegangenen.

Liebe ist das Gesetz, Liebe unter Willen

Hand in Hand gerannt!
Sie, uns, ich!
Gegen eine kalte, falsche Welt.

Lippen auf Lippen küssen;
Mit Angst vor der Christenrache.

Freie Liebe. Reine Herzen. Unsterbliches
Gefühl.

Frei lieben. Frei küssen.
Unsere Triebe erwachsen ausgelebt.
Erlebt!

Ohne diktatorische Bibelsprüche
Und ohne sexlose Sündenscham.

Waldwege

Das Land hab ich bewandert.
Stand nie lange still.
Ich suchte nach Geistern
Und rief die alten Götter.

Der Mond stand voll
Und der Finsterwald knackste.
Der Angstschweiß wich,
Denn Mutter Natur beschützt mich.

Spürhunde

Tränen im Sand
Wegen unseres geraubten Erbes.

Fußspuren am Strand
Auf der Suche unserer
Vergessenen Ahnen.

Verborgen unterm Land
Die Reste der Vergangenheit.

Nähe weben

Die Tage gehen
Vergehen
Ohne wiedersehen

Alte Männer
Und Hexenweiber

Dorf. Weiler. Hain.
Nie allein

Kinder werden
Und erben

Ewige Wiedergeburt
In der Brut

Berge

Des Sieges Lohn
Trotzt dem Hohn der Heutigen.
Morgen werden wir triumphieren
Und unvergessen siegen.

Das Land

Landstraßen. Sandstraßen. Pflasterstein.

Felder. Wälder und Hochhäuser.

Gespräche. Kettenbriefe. Online Chats.

Schlacht

Tränen trocknen.
Wunden heilen.
Bewahrt Erinnerungen
Und lernt die Lektionen.

Nordsprung

Baut das Nordland auf!
Baut! Baut! Baut!
Schaut
Euch in die Hände.
Errichtet neue Wände
Für Familienhütten
Und Volksschlösser
Und Banken.

Banken zum Kraft
Und Geld tanken,
Aber vor allem zum Sitzen
Und um ihr Worte der Liebe
Ins Ohr zu flüstern.

Naturliebhaber

Das Land wurde uns geschenkt von den
Altvorderen. Jetzt lesen wir an jeder Wand, in
jeder Zeitung und hören Tag aus, Tag ein im TV,
dass es sterben wird. Was bleibt als der Kampf
zur Rettung jeden einzelnen Krümels Land.

Völva

Folge mir. Vertrau mir. Ich kenne den Weg,
Der das Nordland an die Spitze führt.

Zeichen

Die Tore öffnen sich.
Zwischenwelten.
Gespräche ohne Worte.
Mahnungen und Unterricht.
Neue Wege. Größere Ziele.

Wiederkehr

Der Held fällt.
Die Walküre wählt
Die Ersten und Zweiten.
Sessrumnir. Valhall.
Krieg zwischen Göttergeschlechtern.
Thursen. Lokis Brut.
Ragnaröks kreisen.

Finsternis

Kalter Schweiß.
Lebensfurten
Nackter Stein.
Enden.

Angespült.
Nordseestrand.
Verführt.
Fischkopfcharme.

Todeswünsche.
Leben gehen.
Depressive Schübe.
Andere Tage kommen.

Regen peitscht.
Nebelschwaden.
Das Meer bereist.
Klabautermann.

Frost

Unsere kleinen Träume und
Unsere hart gewordenen Tränen.
Wir sind an des kalten Winters Morgen
Verbunden durch geographische Faktoren.

Mehr sollte es sein,
Das uns vereint.
Ein Volk voll Liebe,
Respekt und Einigkeit.

Mjolnir

Krach. Geschrei. Freudentaumel.
Himmelsstürmer.

Der Donner grollt.
Ein Hammer siegt
Über die Feinde
Allen Heidenvolks.

Gegensätze

Nimm alles
Und gib mehr.

Von Eltern.
Für Kinder.

Umarme jeden.
Stoß von dir.

Hunde.
Probleme.

Frei, stolz und kämpfend.
Ausgebeutet und ausgebrannt.

Norden.
Süd.

Götterhallen für Freie.
Kreuze für die
Glaubenssklaven.

Satan

Verwünschte Seen und vergessene Zauberparks
hinter Mauern verlassener Russenkasernen
entstehen.

Bodennebel, die zwischen den wilden Gräsern
weben.
Kuhdung und Pferdeäpfel aufgeweicht von
Nässe.

Trampelpfade hinter Weilern wandernd.
Abgeknickte Äste zum Sitzen und der alte
Sumpf, der noch ist, wie er war, bevor die
Hauptstadt voll Menschen wahr.

Das Land haben wir nicht der Natur abgerungen.
Wir sind Natur. Wir sind sie und sie ist wir.

Der Eingott hat versucht uns aus der Natur
herauszuschneiden. Sag nicht, dass es einen
anderen Ursprung für die globale
Naturzerstörung gibt.

Mauern aus Beton.
Wohnung gereiht an Wohnung.
Endlose Blöcke.

Des Nordens Neubaugebiete.
Sammelbecken des Volksteils,
Den die Regierung längst
Vergessen hat,
Außer es ist Wahl.

Wir haben mehr als je zuvor
Und gleichzeitig geht's fürs Volk bergab
Ohne Gnad´.

Die Zukunft wird aufgefressen.
Die Wahl: zu leben und zu darben
In den alten Tagen
Oder zu schuften Tag und Nacht, um reich im
Alter am Stresssyndrom zu leiden.

Zerrissen sind die Schichten.
Verneinte Einheit. Streit bereit.
Das Nordvolk verzweifelt.

Tage des neuen Eines
Müssen erscheinen,
Wenn das Land nicht zerreißen
Soll!

Jahresringe

Der Schaum
Des Traums
Bäumt sich
Auf

Des Lobes
Lohn ist
Gewohnt
Dem Kämpfer
Nach dem Sturm

Leben weben
Segen durch
Endloses Streben

Gemein

Ein schwacher Mann braucht einen Thron.
Ein starker Mann braucht Frieden.

Ein schwacher Mann will endlos Geld.
Ein starker Mann kämpft für seine Familie.

Herbst

Wind weht.
Kalte Nässe
Zieht in die Wände.
Überall auf dem Boden
Sterben die Bienen.

Laub fegt.
Die Nadel besteht.
Zwischen Sommer und Winter
Übergeht ein Wunder.

Nördlinge

Kindergesichter.
Gelockte, Grinsekatzen.
Tanzen und raufen.
Ewig geliebt und
Nerven raubend.

Moneten, Kohle, Schottersteine

Kaufrausch.
Nördliche lieben shoppen.
Manche preußisch.
Manche saarisch
Oder rheinisch.
Andere saxonisch
Und manche wie die Schweizer.

Dorfaue

Das ganze Jahr wandern
Wir von Ort zu Ort.
Die Nächte verbringen
Wir im heimischen Hort.

Das Eichhörnchen huscht
Und zaubert Lächeln.
Die Katzen schleichen,
Während sie um unsere
Füße tänzeln.

Nordfried

In den Ecken. In den Ritzen.
Gärt es!

Tausend Jahr und ich sag es noch einmal:
Tausend Jahr wurde uns
Die Freiheit vom Ein-Gott geraubt.

Tausend Jahr sind vorbei.
Jetzt und hier,
Bei dir und mir
Ist die Chance
Für echte Freiheit,
Freie Liebe und Gerechtigkeit.

Diese Chance ist jetzt und sie ist hier
Zum ersten Mal realistisch seit tausend Jahr!

Träumer im Nordland

Träume deinen Traum
Und baue
Die Stufen, um seine Wahrheit zu schau´n!

Volkisch ohne ö

Siege mit Liebe.
Herrsche als Diener.
Geben sei dein Nehmen
Und das Glück und Lachen derer,
Die du liebst dein Lohn.

Anfangs

Vergeben wir unseren Feinden,
Denn sie hatten dieselben heidnischen
Vorfahren wie alle Menschen.

Irgendwann vor zehntausenden Jahren
Fing der Mensch an,
Kultur zu wagen.

Es kann nur naturreligiöse Kultur gewesen sein,
Nach allem was wir wissen.

Alles begann
Als Heidenland.

Dein Erbe
Ist heidnisch.
Also werde
Dir bewusst,
Dass du heidnischen
Ursprungs bist!

Nordgold

Die Liebe des Nordens
Kann ich dir borgen
Ein Leben lang.

Träumende Nordgören!

Sehnsüchtig wartet das Nordkind
Auf seine Chance.

Bei den Göttinnen und Nornen,
Sie wird kommen;
Aber das Nordkind
Muss sich vorbereiten!

Bereit sein zu leisten
Und zu überschreiten.

Über den Autor

Niemand,
Niemals,
Nirgendwo
Sieht die Verborgenen
      Fußspuren im Nordland